キミのままでいい

たぐちひさと

Discover

まえがき

「別れた恋人が忘れられない。もう一度やり直したい……」

「気になる人に連絡してもなかなか返信がない。もうあきらめたほうがいいのかな」

「がんばっているのに、いい人に出会えない……。どうしたらいいの？」

私が毎日作品を発表しているインスタグラムのアカウントには、こんな相談がたくさん寄せられます。

失恋、片想い、出会い、結婚など、内容はさまざま。

それらの悩みに答える作品をつくり、投稿すると、多いときには一つの作品に2万人以上の方から「いいね!」をいただき、自分のことのように共感してもらえることがあります。


「まさに今悩んでいることです」

「とても共感できます! 自分のことだなぁと思いました」

「最近振られたばかりで落ち込んでいましたが、作品を読んで楽になってきました」

「ずっと後悔していたことがありましたが、救われた気持ちです」

これらの反応を見て、多くの方が共通の悩みを抱えていることを改めて実感しています。

そんな方々の力になれればという思いから、今回これまで発表してきた1000以上の作品の中から恋愛に関する作品を厳選し、一冊にまとめて刊行することにしました。

今のあなたの心に響くもの、悩みがふっと軽くなるような作品がきっとあるはずです。

そして本書を、悲しいとき、嬉しいとき、つらいとき、幸せなとき、どんなときもあなたの人生に寄り添う「お守り」のような存在にしてもらえたら、これほど嬉しいことはありません。

もくじ

Ⅰ　失恋について　009
Ⅱ　幸せについて　071
Ⅲ　片想いについて／出会いについて　123
Ⅳ　恋について／愛について　191
Ⅴ　結婚について／家族について　251

1　失恋について

たとえ別れても

別れるのは好きな気持ちが
なくなったからだけではない
他の人が好きになって
別れることもある
欠点が我慢できなくなって
別れることもある
いつのまにか別れることもある
好きなのにほんの少しのすれ違いで
別れることもある
大好きなのに思いがけず
別れることもある

誰にでも間違いはある
時が経てば自分も相手も変わる
自分ではどうしようもないこともある
お互い離れてみることで
相手のよさに気づけることもある
たとえ別れても
再び結ばれることもある
別れてもいいから
好きだった気持ちを大切に

失恋8か条

失恋したらなるべく
相手のことを考えないこと
もしも考えてしまうなら
相手を美化しないこと
余計なことを考えて落ち込むから
なるべく一人でいないこと
一瞬でも相手を思い出さないくらい
気の済むまで友達と話すこと
体がヘトヘトになるくらい
思いっきり体を動かすこと
趣味に没頭したり

他に楽しみを見つけること
好きな気持ちがなくなってきたら
出会えたことに感謝すること
恋の傷を癒やすのは恋だけだから
新しい恋をすること

別れの予感

一緒にいるはずなのに
なぜか寂しくて
自分から連絡してばかりで
返事がこないこともあって
いつも後回しにされて
なかなか会えなくて
たとえ会ったとしても
気を遣いながら話すようになり
ささいなことでけんかして
話し合うことさえできなくて
相手の嫌なところが目に付き

3

どうしても許せなくなり
相手の気持ちがわからなくなり
ありのままの自分を出せなくて
それでもこの人しかいないと
言い聞かせている
もう終わらせてもいい
自分の気持ちに素直になればいい

悲しめばいい

悲しいことが起きると
つい現実から目をそらしたくなる
無理して明るくふるまったり
忘れようとしたり
中途半端に乗り越えようとすると
同じことを繰り返すかもしれない
悲しいときは悲しめばいい
泣きたいなら泣けばいい
自分が満足するまで悲しんだほうが
あとで後悔しなくなる

4

あと何回傷ついたら
幸せになれるのだろう

5

無駄な恋はない

つらいかもしれない
苦しいかもしれない
別れのない恋なんてない
失うばかりが失恋ではない
失うことで得られることもある
出会える人もいる
何度別れを経験してもいい
味わったことのない痛みや喜びが
これからを豊かにしてくれる
無駄な恋なんて一つもない

6

好きになるのに理由はないけど
別れるには理由がある

活かせばいい

どんなに楽しい日々を
過ごしたとしても
どんなに愛した時間が
長かったとしても
ずっと一緒にいたいと
誓い合ったとしても
一瞬で終わることもある
いくらがんばろうとしても
元に戻ることはない
本当に相手を大切にしていたなら
自分を誇らしく思えばいい

思いやりが欠けていたなら
次に活かせばいい
好きだったことも
ぶつかったことも
涙を流して別れたことも
決して人生の無駄にはならない

美化しなくていい

いなくなった人を美化しない
いくらかばっても
いい人と思い込んでも
何も変わらない
よいところも悪いところも
平等に考える
違和感がなかったか
我慢していなかったか
無理していなかったか
本当はわかっていたかもしれない
今できるのは

もうこれ以上考えないこと
想うのはもうやめよう
自分がつらくなるだけだから

後悔しなくていい

嫌いになれたら楽なのに
嫌いになれない自分がいて
どんなにいい人が現れても
つい比べてしまって
別れたとしても好きでもいい
新しい恋をしても忘れなくてもいい
誰かを大切に想う気持ちは
とても素敵なこと
流した涙も
愛した日々も
決して無駄にはならない

10

自分の気持ちに素直になれたら
後悔なんかしなくていい
胸を張って次の恋をすればいい

自分を許す

想いが叶わなくても
自分を許せばいい
失恋をしても
自分を許せばいい
復縁できなくても
自分を許せばいい
誰にでも失敗はある
取り戻せないこともある
どんなに願ったとしても
叶わないこともある
過去の自分を責めても

その先はない
少しでもいいから
今の自分を大切にすること

復縁の可能性

一度でも付き合えたなら
他の人よりもチャンスはある
人の好みはなかなか変わらず
ただすれ違っただけ
付き合いが長いほど
すれ違いは多く
やり直すのに時間はかかる
少しでも焦って動けば
もう元には戻らない
冷静になるまで待つこと
少しずつ誤解を解くこと

それでもまた付き合えるかは
わからないけれど
愛し続けた人にしか
幸せはおとずれない

心から
楽しんだことは
忘れない
心から愛した人は
自分の一部となる

どんなに離れていても
会えなくなっても
いつまでも想いは変わらない
あなたと出会えた奇跡が
わたしを変えたから

理想は変わる

互いに好きだったはずなのに
少しずつ違うと思い始め
思いもよらず別れがやってくる
想いが強ければ強いほど
受け止められなくて
いくら忘れようとしても
忘れられなくて
この人しかいないとしがみつく
これから出会うたびに
理想は変わっていく
別れを繰り返しながら

本当に望むものが見えてくる
心が通じ合えたとき
その人が理想の人となる

別れのとき

振り返れば
許せないことや
我慢してきたこともある
どんなにささいなことでも
後悔は募っていく
もしもそのたびに
解決しようとしていたら
もしも相手と向き合っていれば
変わっていたかもしれない
この人ではないとわかっていても
決断をためらうこともある

16

怖いかもしれないけれど
踏み出すしかない
勇気を出せば
新しい明日が待っている

苦しまなくていい

いくら悩んでも
相手には関係ない
ずっと期待して
連絡を待っていても
何か悪いことをしたのか
不安になっても
忘れようとして
他のことに夢中になろうとしても
相手のことを考えれば考えるほど
悲しみや怒りが募っていく
いくら傷ついても苦しんでも

相手は自分のことを何とも思っていない
そんな人のために苦しまなくていい
もう十分だから
あきらめたくない気持ちは捨てて
次の恋に向かえばいい

思い出に変える

報われない恋でも受け入れる
意地を張って泣くのを我慢したり
好きではなかったと強がったり
相手にしがみつこうとしない
たった一瞬であったとしても
心が通じ合えたのならそれでいい
どんな結果であっても
好きになったのは素敵なこと
思い出に変えて
次を見ればいい

18

うまくいくだけが
恋じゃない
想いを伝えられず
終わってしまっても
立派な恋

すべてを受け入れる

連絡がないと不安になり
自分から連絡するか迷う
ダメだとわかっているから
重くなるから我慢する
無理をすればするほど
忙しいからと自分に言い聞かせる
本当に大切な人なら時間は関係ない
相手の心は
もう離れているかもしれない
現実から逃げないこと
いくら願ったとしても

相手には届かない
すべてを受け入れて
かけひきすることなく
自分の気持ちをぶつける
決してあとで後悔しないように
最後は出会いに感謝すればいい

ごまかさない

本気ではなかったと
言い訳するのはやめる
自分をごまかさなくていい
現実から逃げていたら
また同じことを繰り返す
苦しくてもどうしようもなくても
ありのままの気持ちを
今の状況を認めればいい
つらいのは本気だったから
好きになった自分を
誇らしく思えばいい

きっとそんなあなたを
好きになる人がまた現れる

束縛なんて
知らなかった
自分に戻りたい

22

好きになるのは
簡単なのに
忘れるのは難しい

追いかけない

もう話せないのに会えないのに
追いかけようとしない
この人しかいないと思うから
余計に苦しくなる
起きてもないことを考えるから
余計に不安になる
相手を見返そうと思ったら
まだ忘れていない証拠
嫌われていなくても
別れることもある
たったひとことだけで

すれ違うこともある
どれだけ涙を流しても
どれだけ相手を想っても
元には戻らない
終わった恋は引きずらない
変えられるのは今の自分だけ

すぐに友達に戻れるくらいなら本気の恋ではない

忘れられないのは
幸せだった自分を
あきらめられないから

自分を責めない

いつのまにか連絡がこなくなり
よくないことばかり考えることもある
ずっとその人のことばかり考えて
何度も返信がこないか
チェックすることもある
心に残った気持ちのいき場を探して
どうしようもないときもある
何が悪かったのかと
自分を責めなくていい
人の気持ちなんて誰もわからない
ただあなたと合わなかっただけ

つらいかもしれないけど
認めたくないかもしれないけど
現実を受け止めること
逃げていると次の恋が始まらない
巡り合うべき人に出会えない

いくらでも出会いはある

この人以上の人はいないと
思ったとしても
いつかは忘れていく
もう誰とも付き合えないと
思ったとしても
また付き合える
その人がよかったのではなく
幸せだった頃の自分に戻りたいだけ
また出会えるのか怖いだけ
過去の幸せを求めても前に進めない
時間は戻らない

28

自分から望めば
いくらでも出会いはある
きっと素敵な人に出会える

離婚する理由

結婚したから変わったのではなく
もともとそういう人だっただけ
引っ張ってくれるのではなく
ただ強引なだけで
優しいのではなく
ただ甘いだけで
結婚した理由が
離婚する理由になることさえある
本当にいいかどうか
一時の感情に惑わされないこと
しっかり相手と向き合うこと

謝ってほしいわけじゃなくて
気づいてほしかった

追いかけなくていい

もう追いかけなくていい
離れていく人を
大切にしようとするより
これから出会う人を
大切にすればいい
いつのまにか
苦しいときも
楽しいときも
そばにいてくれるのが
本当に大切な人

一つだけ確かなことは
どんなに後悔しても
どんなに思っても
もう過去には戻れない

いつかきっと

元に戻りたいなら望めばいい
好きでいたいなら
好きでいればいい
自分の人生だから
遠慮しなくていい
我慢しなくていい
いくら望んだとしても
その通りにならないこともある
でもいつかきっと
そんな自分を受け止められる日がくる
どんな結果であってもいい

迷いがなくなったとき
未来は変わり始める

本気だから

傷つきたくないなら
好きにならなければいい
不安になりたくないなら
信じなければいい
これ以上泣きたくないなら
すぐにあきらめればいい
それができないのは本気だから
恋はしようと思ってもできなくて
いつのまにかしているもの
たとえ実らなかったとしても
恋した自分を大切にすればいい

思い出の中のあなたは
いつも笑っていて
思い出した私は
いつも泣いている

願いが叶うなら

ふと思い出すのはあなたの笑顔で
最後の最後まで素直になれず
さよならさえうまく言えなかった
忘れようとしたけど
思い出してばかり
あなたが現れた日から
すべてが変わった
想うだけで幸せだった
会うたびに好きになって
これからもずっと一緒にいたかった
いつもあなたと歩いた道

もうそばにはいなくて
進み始めた別々の道
不安でいっぱいだけど
どこにいて誰といるのか
もうわからないけれど
願っても戻れないと
わかっているけれど
もしも願いが叶うなら
あの頃の私に戻りたい
もう一度好きと言いたい

ありがとう

わかっていても
受け入れられないこともある
どんなに願っても
叶わないこともある
いつも別れは突然で
悲しむことしかできなくなる
どんな状況でも
相手のことを思いやり
どんなにつらくても前向きで
最後の最後まで笑顔で
生きることの勇気を

何もない日々のありがたさを
当たり前の幸せを
教えてくれてありがとう

別々の道

お互いに想っていても
別々の道を歩くこともある
それぞれの道を進み
目に見えないところまで
離れてしまうこともある
たとえうまくいっても
いくつになっても
このままでいいのか迷い
立ち止まるときもある
それでも自分の道を信じて
歩き続けていれば

いつか出会えるときがくる
そのときを信じて
今日も歩き続けるしかない

あなたに会えて

あなたに会えて
幸せを知り
あなたに会えて
自分の弱さを知り
あなたに会えて
二人でいる楽しさを知り
あなたの選んだ未来に
わたしはいないけれど
あなたの幸せを祈っています

別れた相手の
不幸を願うのは
真剣だったから
幸せを願えたときに
失恋は終わる

II　幸せについて

変わらなくても

このままずっと続くのかと思うと
不安でたまらなくなり
まわりの幸せな姿を見て
自分だけ取り残された気がして
ただがんばっているだけなのにつらくなり
できるだけ考えないようにして
目の前のことに打ち込み
ふと一人になったとき不安になる
自分が何者なのかわからなくなり
涙が止まらないこともある
あっという間に一日が終わり

同じ明日がくるのが
怖くなることもある
そばに頼れる人がいるなら
助けを求めること
そばに誰もいないなら
外の世界を知ろうとすること
自分の殻にこもらないこと
苦しみのない人生はなく
喜びのない人生もない
あとから振り返れば
きっと自分のためになる
今はそう思えなくてもいい
変わらない一日であっても
大切にすることで
望む明日はやってくる

完璧でなくていい

完璧なカップルも
完璧な夫婦も
完璧な親も
完璧な家族も
完璧な人間もいない
理想と現実のギャップを感じながら
過ごしている
がんばればがんばるほど
完璧を求めれば求めるほど
窮屈になって苦しくなる
譲れないことがあってもいいけど

42

固執しないこと
少しでもいいから
力を抜いてみる
少しでもいいから
自分らしくいる
完璧でなくていい

人生の目的

結婚したとしても
いくらきれいになっても
まわりから憧れられても
幸せになれるとはかぎらない
他人の目を気にしていたら
いつまでも満足することはない
自分が本当に
何を求めているのか考える
わからないうちは
幸せになれない

どんなに悩んでも
人生の決断を
他人に委ねてはいけない

44

幸せな女性9か条

よく話すより
よく聞く女性になりなさい
いつも泣くより
いつも笑う女性になりなさい
疑うより信じる女性になりなさい
自分の殻に閉じこもるより
素直な女性になりなさい
過去を悔やむより
未来を信じる女性になりなさい
結果を気にするより
最善を尽くす女性になりなさい

一人でがんばるより
助けを求められる女性になりなさい
完璧を目指すより
愛される女性になりなさい
美人になろうとするより
幸せな女性になりなさい

信じるだけ

自分のために時間を費やせても
行きたいところに行けても
やりたいことを優先できても
一人でいるのが寂しいこともある
誰かの幸せをうらやむこともある
幸せの形は人それぞれ
結婚してわかる喜びもあれば
一人ならではの喜びもある
後悔のない人生はない
すぐに自分の選択が
正しいかどうか決めなくていい

たとえ悩んで迷ったとしても
時間をかけたからこそ見える答えもある
将来の自分に任せてもいい
今できることは
まわりに惑わされず張り合おうとせず
自分の答えを信じるだけ

イベントブルー

楽しませられるか
打ち解けられるか
うまく話せるか
勝手に不安になり
無理して明るくふるまったり
気を遣ったりすると思うと
面倒になり
行かない理由を考え始め
準備することさえイヤになる
後悔したくないなら
その場の気分で決めずに

約束しないこと
本当に会いたくないなら
会わなくてもいい
無理しなくていい
いざ行ってみれば楽しいこともある
難しく考えずに出かければいい

素敵な女性チェックリスト

□うまくいってもいかなくても
告白したことがある

□仕事も大切だけど
仕事以外のことも楽しんでいる

□高級なお店を知っているより
気兼ねなくいけるお店がある

□歳を言い訳にせず
すぐに行動している

48

□相手に合わせることもあるが
自分をいちばん大切にしている

□素敵な恋人がいたとしても
同性の友達も同じくらい大事にしている

□恋愛経験の豊富さよりも
一人の人を本気で愛している

モテる女性とモテない女性の違い

一人でずっと話すのがモテない女
話が終わるまで聞くのがモテる女
好きな服を着るのがモテない女
似合う服を着るのがモテる女
期待して誘うのがモテない女
気軽に誘えるのがモテる女
追いかけ続けるのがモテない女
ずっと待たせるのがモテる女
YESばかり言って合わせるのがモテない女
NOと遠慮なく言えるのがモテる女
過去に執着するのがモテない女

感謝と笑顔を忘れないのがモテる女
自分をわかってほしいのがモテない女
相手をわかろうとするのがモテる女
完璧でいようとするのがモテない女
ありのままでいるのがモテる女
好かれようとすればするほど
好かれなくなる
誰にでもモテなくていい
そばに大切な人がいるなら

後悔する女性の特徴

好かれようとして相手に合わせて
相手の反応を気にしすぎて
自分の意見が言えなくて
どうしても断れなくて
お金を貸して
悪いことをしてないのに
すぐに謝って
直接会おうとしないで
ＬＩＮＥばかり眺めて
本当はつまらないのに
無理して笑って

50

気分が乗らないのに
デートに行って
好きな人がいるのに
気持ちを伝えられない
自分の人生だから遠慮しないこと
好きなようにすればいい

ごはんをきれいに食べて
きれいな言葉を使う人は
きれいな人になる

どんなに忙しくて
心に余裕がなくても
「ありがとう」は忘れない

52

幸せになれる

美人にならなくても
幸せになれる
やせようとしなくても
自分を好きになれる
高級な物がなくても
素敵になれる
足りないものばかり追い求めても
自信を失うだけ
今あるものに感謝すれば
笑顔になれる

よく食べ
よく笑い
よく話す
元気な女性が
いちばん素敵

自分の鏡

見る目がないのではなく
出会っていないだけ
いつまでも
過去にしがみついていたら
大切な出会いを失ってしまう
これから出会う人は自分の鏡
今の自分に似合った人を引き寄せる
素敵な人に出会いたいなら
まずは自分が素敵な人になる
今までの自分がしないことをする
今までとは違う世界へ

飛び込んでみる
新しい自分になれたとき
素敵な人が現れる

いい女と都合のいい女の違い

都合を聞かれるのが「いい女」
一方的に誘われるのが「都合のいい女」
前から約束するのが「いい女」
突然会うのが「都合のいい女」
友達に紹介されるのが「いい女」
誰にも紹介されないのが「都合のいい女」
一人でも気にしないのが「いい女」
いつも一緒にいたいのが「都合のいい女」
待たせるのが「いい女」
いつも連絡を待つのが「都合のいい女」
好かれようとしないのが「いい女」

嫌われたくないのが「都合のいい女」
いくらがんばっても
いくら我慢しても相手は変わらない
いい女になりたいなら自分が変わるしかない

理想と現実

たった一人なのに
見つからなくて
好きではない人に好かれても
意味がなくて
このままではいけないと
わかっているのに
理想を追い求めて
出会っても次につながらず
なかなか決断できない
この人でいいのか考える前に
自分でいいのか考える

自分のことばかり考えていたら
幸せなんておとずれない

自分だけ

怒っているのは自分だけ
不機嫌なのは自分だけ
傷ついているのは自分だけ
誰も知らないし
誰も気づいていない
言っても仕方ないことは言わない
変えられない過去にこだわらない
いくら悩んでも何も変わらない
自分を変えるのは誰かではなく自分だけ
そこから抜け出したいなら
前だけを向いてがんばること

あなた次第で
すべての人が
運命の人になる

認め合えばいい

最初から完璧な人はいない
欠点があって当たり前で
それさえも受け止められるか
悪いところばかり見ようとせず
いいところも見ようとすること
自分にも欠点があって
お互い認め合えばいい
支え合うことで理想に近づいていく

いい男より
いい女にしてくれる男を
選んだほうがいい

喜べなくてもいい

誰かが幸せだからといって
自分は不幸ではないのに
幸せな人を見ていると
なかなか喜べなくて
他人の幸せは自分には
関係ないはずなのに
みじめな気持ちになって
孤独を感じて
一生懸命がんばっているのに
思うようにいかないとき
誰かの喜びを自分の喜びのように

感じることはなかなかできない
人の幸せを喜べなくても
自分の幸せだけは
あきらめないこと
幸せを待てばいい

63

残念な女性の特徴

相手から好かれているのに
一歩引いてしまい
つい思っていることとは
違うことを言ってしまい
大切にされているのに
素直に喜べなくて
甘えることも頼ることもできず
自分でがんばろうとして
愛されていない嫌われていると
勝手に思い込んで
傷つくことを恐れて

本音を言うのをためらい
言いたいことが言えなくて
ずっと我慢している
いい子になろうとしなくていい
自分らしくいればいい

生まれつき
美しい人は運がいい
歳を重ねて
美しくなる人は
生き方がいい

モテる人は感謝している素直に喜んでいる

65

一度でも

一度でも
無理と思ったときから
その人のすべてが
受け入れられなくなり
どんなにいいことをされても
一切認めようとせず
それまで何とも
思っていなかったことまで
嫌いになっていく
心に余裕がない人は
自分で出会いを逃していく

66

気づいたら「大丈夫」が
口癖になっていた

一歩踏み出す

あきらめたくないなら
モヤモヤしているなら
不安で仕方がないなら
決着をつければいい
結果がわかっていても
想いを伝えればいい
結果がわからなくても
やってみればいい
あとから自分を
正当化するのはやめること
自分の都合でよく思ったり

悪く思わないこと
立ち止まっていたら
何も変わらない
あなたが踏み出すその一歩が
明るい未来をつくり出す

前を向く

笑顔を見ていると
期待したくなり
どんなに信じようとしても
裏切られることもある
期待すればするほど
信じようとすればするほど
その分だけ傷つく
どうすればよいのかわからなくなり
立ち直れなくなることもある
いつしか傷つかないように
生きようとして

前に進めなくなる
どんなに裏切られても
どんなに傷ついても
前を向くこと
自分を信じた人にしか
幸せはおとずれない

相手を大切にする8か条

自分の気持ちばかり押し付けず
自分が思うように
コントロールしようとせず
相手とほどよい距離感を保ち
自分ばかり話さず相手の話をよく聞き
どんなことが起きても最後まで信じて
相手に期待しすぎず求めすぎず
自分がされて嫌なことは
相手にもしようとせず
相手が大切にしていることを
大切にしようとする

相手を大事にするのも大切だけど
自分のことも大切にする

自分らしく

笑うことが苦手でもいい
うまくほめられなくてもいい
料理が下手でも
きちんとしなくてもいい
完璧になろうとするほど
苦しくなるだけ
誰にでも苦手なことはある
やるべきかよりもやりたいか
女性らしさよりも自分らしさ
誰にも縛られずに
自分も縛らずに生きていれば

人生はもっと楽しめる

自分のことを嫌いな自分を嫌いなさい

121 - 120

III 片想いについて／出会いについて

恋の始まり

ふと気がつけば
目で追っていて
他の異性と話しているのが
どうしても気になって
連絡がくるたびに嬉しくて
どう返そうか悩んで
喜んでくれるかどうか
心配になって
嫌われないだろうか
恐がるようになって
時間さえあれば

その人のことを考え始めて
理由をつくってでも
会いたくなったら
もう恋が始まっている

恋だけでは

会えなくなって不安になっても
その気持ちを相手に押し付けない
ぶつけた途端に相手は離れていく
相手のことを考えれば考えるほど
不安は募っていく
不安が大きくなると
気持ちをぶつけたくなる
焦っているときは相手のことより
自分のことしか考えていない
そんな人が好かれることはない
できるかぎり他のことを考える

恋だけしか考えない人には魅力を感じない
他にも打ち込めるものを持つこと
時間を忘れるくらい夢中になること
そんなあなたに相手も惹かれるから

恋と愛の違い

出会いを求めていなくても
恋するつもりがなくても
落ちてしまうのが恋
無理して伝えなくても
がんばって与えようとしなくても
伝わっているのが愛
無理しなくても
がんばらなくてもいい
自分らしくいれば

よく目が
合うのではなく
よく見ているだけ

76

好き

好きって認めたくないと思ったときから
「恋」が始まり
好きって相手に言えなかったら
「片想い」になり
好きってお互いに言えるようになったら
「恋人」になり
好きって思わなくなったら
「別れ」を迎える
好きにもいろいろある
そのときのキモチを大切に

好きになるとは
自分よりも
相手を想うこと

伝えればいい

気持ちを伝えなかったら
何も変わらない
きっとあとで後悔する
気持ちを伝えたら
何か変わるかもしれない
好きなら好きと言えばいい
明日会えるかなんてわからない
他に好きな人ができるかもしれない
好きと言われて嫌な人はいない
後悔するとしたらタイミングだけ
自分のことばかり考えずに

相手が受け入れやすいように
気持ちを伝えること
伝えて初めて
本当に好きになる

男女の友情

さびしくなったときに
つい甘えたくなり
いつのまにか連絡するのが
当たり前になって
一緒にいるだけで
自然と笑顔になって
想いが伝わっているか気になって
見返りを求めるようになり
相手を喜ばせることが
幸せになっていたら
もう友達ではない

眠る前に
ふと思い出す人が
本当に大切な人

81

あなたでいっぱい

最初は気にしていなかったのに
連絡が遅くなるたびに気になって
好きになっていく
重くなるとわかっているから
連絡するのを我慢して
不安に負けそうだけど
さびしさに耐えている
あなたは何とも
思っていないと思うけど
ワタシの頭の中はあなたでいっぱい

友達でいいなんて
言い訳をしない
絶対に後悔するから

待たせない

すぐに返信せずに待たせる人が
どのような気持ちなのかは
わからないけれど
送った人の気持ちが
わからない人なのは確か
本当は忙しいのではなく
めんどくさがっているのかもしれない
少しでも関係を大切にしたいなら
相手を待たせないこと
どんな内容で返信するか考えるより
すぐに連絡するほうがいい

たったひとことでも気遣いができれば
相手のことを考えられれば
ご縁はやってくる

返信

返事がこないから
嫌われたわけではない
相手の気持ちを問いただせば
本当に嫌われる
どんなに気になっても
どんなに不安でも
相手からの返事で
終わらせること
待ってみること

いっそのこと嫌われたほうが楽になる

本当の愛

好きになってもらえないから
好きにならないのは
本当に好きではないから
自分の思い通りにならないから
嫌いになるのは
本当に好きではないから
嫌われそうだからといって
好きと伝えないのは
本当に好きではないから
本気ならあきらめられない
もしも付き合えたなら

今の気持ちを忘れないこと
もしも報われないなら
出会えたことに感謝すること
相手の幸せを願うこと
難しいかもしれないけど
それが本当の愛

こじらせ女子の特徴

一人でいるのは寂しいのに
人に会うのが面倒で
待たせるのは気にしないのに
待つのはイライラして
本当はやせたいのに
今の生活は捨てられなくて
話を聞いてもらいたいのに
人に何か言われるのは嫌で
ほめられたいのに
自分からほめようとはせず
本音を知りたいのに

自分から聞こうとはしないで
好きと言われたいのに
好きだと伝えない
自分から変わろうとしないと
何も変わらない

伝わる

言わないでわかることはない
察することなんていつもできない
話さなければ伝わらなくて
伝えたとしても
伝わることは難しい
それでもあきらめずに
伝えようとすること
相手を見ること
その気持ちさえあればいい
いつか相手に想いは伝わるから

好きと言われて
好きだと
気づく人もいる
伝えないと
何も始まらない

片想い8か条

ライバルを意識して
すぐに誘って自滅しないこと
二人きりにこだわらないこと
一度断られても
すぐにあきらめないこと
自分の好きな服より
その場にふさわしい服を着ること
自分のことばかり話さず
相手の話を聞くこと
我慢してばかりいないで
素直にリアクションすること

気を引こうとして無理しないこと
一度に自分の想いを
すべて伝えようとしないこと
少しずつ向き合えばいい
少しずつわかり合えばいい

好きなタイプ

小学生の頃は
元気で目立っている人を
好きになり
中学生の頃は
頭がよくて運動神経がいい人を
好きになり
高校生の頃は
さわやかで顔がいい人を
好きになり
大学生の頃は
会話上手でおもしろい人を

好きになり
社会人になると
できれば顔がよくて
会話上手で仕事ができて
頼りがいのある人を求める
好きになるのは自由だけど
あまり条件に縛られないこと

何も始まらない

友達でいられなくなるのが怖くて
気まずくなるのが怖くて
断られて傷つくのが怖くて
勝手に振られると思い込んで
タイミングを失ったと
自分に言い聞かせて
いざ伝えようとしても
恥ずかしくなって
待っていても何も始まらない
想いを伝えて
うまくいくかどうかは

誰にもわからない
たとえどんな結果であっても
前には進んでいる

出会い

デートをして
楽しくなかったと
思っていても
自分とは合わないと
感じたとしても
これから会うことがないと
わかっていても
お礼を伝えること
出会いに感謝できない人は
これから出会いに見放される

出会いがないのではなく
好きになれないだけ
付き合ってみたら
いい人なこともある
まずは付き合うこと

気づくだけ

好きな人が見つかると
毎日が楽しくなって
喜ばせたい人が見つかると
自分が思うよりも強くなれて
自分より大切な人が見つかると
人生が大きく変わり始める
見つけようとしても
見つかるものではなくて
もうすでにそばにいて
ただ気づくだけかもしれない
怖がっていたら

いつまでたっても出会わない
疑ってばかりいたら
いつまでたっても相手はふりむかない
自分から信じることから始まる

決めつけない

楽しませてくれたり
話を聞いてくれたり
ほめてくれたとしても
優しいとはかぎらない
本当にあなたのことを考えて
行動してくれているかどうか
ときには違うと思ったとしても
すぐに決めつけないこと
その人の気持ちに目を向けること
当たり前だと思っている人に
優しさに気づけない人に

幸せはおとずれない
相手と真剣に向き合い
よいところも悪いところも
受け入れることができれば
幸せになる

会えばいい

自分のことは
わかっているようでわからない
自分にはどんな人がいいのか
知りたいなら
たくさん会えばいい
会うたびに自分が求めるもの
譲れないものが見えてくる
恋愛本を読むなら
気になる人に声をかけてみる
女子会をするなら
気になる人を誘ってデートをする

ときには傷つくこともあれば
泣きたくなることもある
出会わないと何も始まらない

ステキな人に
恋人がいるのは
当たり前
とりあえず
エントリーする

悪い男ほど
魅力がわかりやすく
いい男ほど
普通に見える
惑わされないこと

100

婚活9か条

本当に優しいのか優柔不断なのか
真面目なのかつまらないのか
リードしてくれているのか自己中心的なのか
大らかなのか何も考えていないのか
きれい好きなのか神経質なのか
親孝行なのかマザコンなのか
少年のような心を持つのか幼いだけなのか
たくましいのか無謀なのか
心が広いのか情熱がないだけなのか
少しでも違いを見極められれば
幸せな生活が待っている

人柄ではなく
条件だけに
惹かれていたら
きっとあとで
後悔する

婚活アプリ

たまたま見つけたというより
最初から気になっていて
友達に薦められたとしても
自分から始めていて
よくわかっていないと言いつつ
すぐに使いこなして
試しに登録したというより
本当は本気で
職場で出会いがないというより
自分から会いに行く気がなくて
写真がないというより

一緒に遊ぶ友達が少なくて
出会えない人と会いたいと言っても
条件は決まっていて
言い訳をしたり
心を開かなかったら
いい出会いはやってこない

気にしなくていい

既読がついて
すぐに返信がなくても
イライラしない
メッセージのやり取りが
できないかもしれない
急いで返信する内容では
なかったのかもしれない
どのように返そうか
考えているのかもしれない
自分から決して
返信が遅いと言わないこと

ただ遅いだけ
焦らずに待てばいい
勝手に脈ありか
脈なしか判断しない
落ち込むくらいなら気にしない

いい男の見分け方

親にどのように接しているか
目に触れないところも気を配れているか
箸の持ち方や食べ方はきれいか
知らない人に冷たくないか
どんなときでも目を合わせて話しているか
長く愛用している物があるか
歳の差があっても対等に話しているか
苦しいときにどうふるまっているか
一時の感情に惑わされないこと
しっかりと見極められれば
自分もできていれば幸せになれる

デートから帰ってきたとき
体だけ疲れているなら
恋人になる人
心も疲れているなら
もう会わない人

他人のための条件で
相手を選んだら
後悔する
自分が本当に
譲れない条件を考える

さびしさを
埋めるために
付き合わない
その先には
何もないから

108

どんな出会い方でもいい
その出会いを
大切にできるか

振り回されるなら
気持ちを伝えて
終わらせればいい

心が通じ合えばいい

1回目のデートで
人として信用してもらい
2回目のデートで
友人として信用してもらい
3回目のデートで
恋人として信用してもらう
4回目以降のデートは人それぞれ
すぐに一生つれ添う人として
信用されて結婚する人もいれば
そうではない人もいる
どれだけ会ったかよりも

どれだけ心が通じ合えたか
過ごした時間は関係ない
自分から心を開いて信じようとしないと
相手には信じてもらえない

いくら会話をしても
ほとんど覚えていない
何を話したかより
どんな気持ちで
いられたか

恋愛は相手を見て
結婚は相手の親を
見極めること

想いの伝え方

思い通りに
ならないからといって
そのまま意見をぶつけない
勝手に思い込んで
決めつけない
相手がどうして動かないか
理由を聞いてみる
どうしても嫌がるなら
離れてみる
話し合えないなら
そこまでの関係

相手がどう思っているかは
いくら想像してもわからない
想いは伝えてみないとわからない

別れる女性の特徴

相手には何も問題はないのに
まわりを気にして
会えない寂しさを相手にぶつけて
仕事が楽しくなって
相手よりも優先して
相手の話を聞こうとせず
けんかばかりして
誰よりも優しかったのに
つまらないと感じて
一時の楽しさに惑わされて
自然と一緒にいられたのに

ときめきばかり求めて
そばにいる人を大切に
失う前に気づくこと

白黒はっきりさせても
意味がない
待つことも大切

頼りがいを
お金で測らないこと
お金は必要でも
それだけでは
幸せになれない

伝えることの価値

どんなにがんばっても
どんなに勇気を出しても
受け止めるかは相手次第
たとえ思うようにいかなくても
満足することができなくても
伝えたことに価値がある
今は伝わらなくても
いつかわかるときがくるかもしれない
本当に相手のことを想っていても
タイミングが合わないこともある
伝わることは難しくて

気にしすぎると自分を傷つける
嫌われるかもしれなくても
勇気を出して伝えた自分を
好きになればいい

理想の人

朝目が覚めたときにふと思い浮かび
くだらないことでも一緒に笑えて
沈黙でも居心地がよくて
つらいときにはつらいと言えて
そばにいてくれて
余裕がないときでも
自分のことのように心配してくれて
価値観が違っても話し合えて
ときには真剣に怒ってくれる
そんな人に出会えたら
大切にすること

叶わなかった
恋があるからこそ
叶えられる恋もある

Ⅳ　恋について／愛について

運命の人

初めて出会ったのにそんな気がしなくて
自分らしくいられれて
そばにいるだけで安心して
喜ぶ顔を見るのが嬉しくて
あなたと過ごした時間はかけがえのないもので
なかなか言葉では伝えられなくて
どんな気持ちなのか
考えるたびに不安になって
会えばすぐに忘れて
何もない日だってあなたと話せれば楽しくて
何もない空さえあなたを想えば輝いて見える

あなたが笑えばあなたよりも笑い
あなたが悲しければあなたよりも悲しくなり
自分より大切な人がいることが
どんなに幸せなのか
目の前からいなくなるのが
どんなに怖いのかを知った
もっと一緒にいたい
もっと同じときを過ごしたい
本当に出会えてよかった
あなたは運命の人

もう幸せ

ただ話しているだけで楽しくて
いつまでも話が続いて
時間が経つのを忘れてしまって
ずっと前から知っていたかのようで
自分のすべてをさらけ出せて
無理することもなくて
がんばることもなくて
自分らしくいられて
そんな人に出会えていたら
もう幸せかもしれない

誰と過ごすかで
あっという間に
人生は変わる

一緒に

どこに行きたいのか
何をしたいのか
自分も探すこと
何でも相手にお任せして
相手の好意を試さない
一緒に探して
一緒に選んで
一緒に楽しむことで
仲が深まっていく

さびしいのが
自分だけなら
いつか別れる
二人ともなら
いつまでも続く

125

見失わない

依存しないこと
干渉しないこと
期待しないこと
相手に求めてばかりいたら重くなる
いつのまにか相手に
迷いや不安をぶつけるようになり
追いかけるほど相手は離れていく
好きになってもいいけど
甘えてもいいけど
自分を見失わないこと

ありのままの自分で
そばにいられるのが
理想の人

寂しさに負けて
行動してしまうと
後悔する

男は「好き」とウソをつき
女は「嫌い」とウソをつく

いつのまにか

いつのまにか
恥ずかしがるのをやめていた
いつのまにか
そばにいるのが
当たり前になっていた
いつのまにか甘えていた
わがままを言っていた
いつのまにか
あなたのことを
もっと好きになっていた

「またね」と
言った瞬間から
もう会いたくなる

素直になる

いくら長く付き合っても
ずっと同じ気持ちで
いられるかはわからない
時にはささいなことですれ違い
気持ちが揺らぐこともある
嫌いにはならなくても
他の人が気になることもある
いつも出会いには意味があって
試されているかもしれない
どんな選択をしても
幸せになれるかはわからない

今できることは
自分の気持ちに素直になること
選んだ自分を信じ続けること

支え合って

男性だからといって
おごる必要はなくて
男性だからといって
強くなくてもいい
女性だからといって
キレイである必要はなくて
女性だからといって
控えめにしなくてもいい
男性かどうか
女性かどうかよりも
自分がどうしたいか

まわりの声に惑わされないこと
誰にでもよいところもあれば
悪いところもある
自分に足りないものがあるなら
相手に頼っていい
お互いに支え合うことで愛が深まる

言わなくてもいい

好きと言えなくて悩んでいるなら
好きと言わなくてもいい
あまりにも言いすぎると
軽くなると思うかもしれない
言わなければわかってもらえないと
思うこともあるかもしれない
想いが伝えられるなら
どんな形であってもいい
自信をなくしていたら味方になり
余裕がなければそっとして
つらそうであればそばで話を聞く

相手がいちばん何をしてほしいのかを考え
求めることをしていれば想いは伝わる
それでも言葉で伝えたいなら
好きと言えばいい

どんな物を
もらったかよりも
どんな気持ちで
贈ってくれたかを
気にすること

嫌いなものが一致すると長続きする

136

愛は見えない

愛を伝えるのは言葉だけじゃない
相手の幸せを心から祈り
何も言わずにそばにいて
好きなことを一緒に楽しむ
決して約束を忘れず
迷うことなく信頼し
惜しむことなくできることをする
ときには相手を許し
相手を責めずに話し合い
相手の言うことに耳を傾ける
愛は見えないから

しっかり相手を見ること
目に見えるものばかりにとらわれないこと
気がついたら失わないように

ありのままを

裏切られるのが怖くても
傷つくのが怖くても心を開くこと
壁をつくっているのは自分
少しでも疑っていたら相手に伝わり
同じように自分も疑われる
相手に期待するより自分が変わる
恥ずかしがらずに飛び込むこと
いっぱい失敗すること
弱いところも見せればいい
ありのままの想いを伝えてもいい
心から信じることは怖いけれど

信じなければ何も始まらない

押し付けない

自分の気持ちをごまかして
無理して優しくしようとしても
相手には伝わらない
自分のためにしたことは
自分のためにしかならず
相手のためにしたことだけが
受け入れてもらえる
さびしいとき
うまくいっていないとき
自分の想いばかり
伝えようとしないこと

相手が同じように
思ってくれているか考えること
自分の気持ちばかり
押し付けていたら
すぐに相手は離れていく

いつも味方

誰よりも魅力を知っていて
誰よりも喜ぶ姿を見たくて
誰よりも悲しいときにそばにいたくて
なかなか会うことも
そばにいることもできないけど
大切に想う気持ちは誰よりもあって
いつも考えている
伝わらないかもしれないけど
不安かもしれないけど
いつも味方だから

一緒にいる間に
出会いの価値は
なかなかわからない
離れてみて
気づくこともある

素直になれない理由

素直になれないのは
意地を張っているから
素直になれないのは
嫉妬しているから
素直になれないのは
不安だから
素直になれないのは
わかってほしいから
素直になれないのは
そばにいてほしいから
本当は素直になりたいけど

素直になれないのは
あなただから

もっと

わかってほしい
遅刻するのは
気を許しているから
返信が遅くなるのは
一生懸命考えているから
目をそらしてしまうのは
恥ずかしいから
怒ってしまうのは
本気だから
黙ってしまうのは
かまってほしいから

もっとそばにいたいのに
もっと見ていたいのに
もっと話したいのに
なかなか素直になれない

理想の恋人

付き合ってから一段と優しくなり
束縛することもなく
いつも応援してくれて
一緒にどうやって楽しむか
いつも考えてくれて
ほどよい距離感で
自分の味方をしてくれて
自信がないところさえも
受け入れてくれて
ときには叱ってくれることもある
誰よりも気にかけてくれて

誰よりも居心地がよくて
一人じゃないと思える
心から素直でいられるのが
理想の恋人

年の差

年の差がなくても
価値観は違い
年の差がなくても
知らない世界はある
年齢よりも問題なのは
まわりの目を気にする自分
少しでも不安に思っていたら
相手にも伝わり
すれ違っていく
恋に年齢は関係ない
年の差を気にするよりも

もっと相手を見ればいい

赤い糸

一度からまったら
むやみに動かないこと
からまった糸を
無理やりほどこうとすると
余計にからまる
むきになるほど
糸口が見えなくなり
時には糸が切れることにもなる
ゆっくり時間をかけて
ほどけばいい
焦らないで

向き合えばいい
この先もずっと
糸はつながっていく

本当の気持ち

いくら長く付き合っても
いくら仲がよくても
本当の気持ちは
なかなかわからない
わかったつもりになっていれば
いつか別れがやってくる
相手の言葉や態度だけで
その人を判断しないこと
どんなことを思い
どんな気持ちなのか
相手の立場になって想像すること

わからないからこそ
わかろうとすることで
信頼が生まれていく

言葉ではなく

大丈夫ではないから
大丈夫と言うこともあって
本当は楽しくないのに
楽しいと言うこともある
なかなか本音は言葉に出てこない
相手の言ったことに惑わされないこと
ありがたみを忘れていると
相手の気持ちが見えなくなる
心が見えないなら行動を見ればいい
そばにいられないなら想えばいい
しっかり相手と向き合うこと

我慢して
言えなかったことが
本当のキモチ

試そうとしない

心にもないことを言って
相手を試そうとしないこと
たったひとことだけですれ違い
別れることだってある
別れたくないなら
そのまま伝えること
嫌いと言うくらいなら
好きと伝えること
思っていることは
伝えないと伝わらない
自分の気持ちに素直になれば

相手も理解しやすくなる

あなただから

あなただから嫉妬するし
あなただからけんかするし
あなただから強がるし
あなただからわがままを言う
本当は言わなくてもわかってほしい
素直になれないわたしを受け止めてほしい
たとえあなたより
素敵な人がいたとしても
私にはあなたしかいないから

好きな気持ちを
つなぎとめるのは
感謝と敬意だけ

152

心さえ近くに
感じていれば
距離は関係ない

感謝の気持ちを
忘れた途端
別れが待っている

154

浮気を心配する
恋なんて
もうやめればいい

どんなに離れても
ココロの距離は
縮められる

無理しなくていい

自分には合わないと気づいているのに
この人でいいのか悩んでいるのに
その人しかいないと思い込み始める
他の人が見つからない不安と
向き合うのが怖くて
無理に好きになっても
幸せはない
焦らなくてもいい
出会いはたくさんある
自分から飛び込むだけ

結婚を
焦れば焦るほど
付き合っている人の
嫌なところしか
見えなくなる

自分たちの場所

そばにいてほしいのに
優しくしてほしいのに
何も言えなくて
もっと近づきたいのに
もっと知りたいのに
距離を置いて
ときには相手の気持ちが
離れてしまう気がして
束縛しようとして
本当は好きなのに
誤解されてしまって

うまくいかなくて
いくら付き合っても
いくつになっても
距離感をつかむのは難しい
お互いが歩み寄りながら
自分たちの場所を見つけるしかない

恋愛で心がけたい「あかさたなはまやらわの法則」

【あ】相手に依存せず自立する
【い】言い方に気をつける
【う】嬉しいことを伝える
【え】遠慮しすぎない
【お】追いかけすぎない
【か】感謝の気持ちを忘れない
【き】嫌われることを恐れない
【く】苦しいときは無理しない
【け】結婚をゴールにしない
【こ】言葉にして伝える

【さ】先のことを考えすぎない
【し】執着しない
【す】素直になる
【せ】背伸びをしない
【そ】そのままの自分でいる
【た】他人と比べない
【ち】違いを受け入れて楽しむ
【つ】付き合ってみる
【て】適度な距離を保つ
【と】時に身を任せる
【な】何でも知ろうとしない
【に】人間として尊敬する
【ぬ】温もりを忘れない
【ね】年齢を気にしない
【の】望みすぎない

【は】話をよく聞く
【ひ】引くときは引く
【ふ】二人だけの夢を持つ
【へ】返事を期待しない
【ほ】ほめ合う
【ま】待つよりも自分から誘う
【み】見栄を張らない
【む】難しく考えすぎない
【め】目を見て話す
【も】文句を言うよりまず動く
【や】優しさを押し付けない
【ゆ】ゆっくりと愛を育む
【よ】夜中に考えすぎない
【ら】ＬＩＮＥするより会って話す
【り】理想にこだわらない

【る】ルールをつくる

【れ】連絡を要求しない

【ろ】論じるより行動で示す

【わ】わだかまりは早く解消する

V　結婚について／家族について

結婚する

結婚したからこそ
生まれる苦しみもある
結婚したからこそ
生まれる不安もある
結婚したからこそ
生まれる我慢もある
結婚したからといって
すべてよいとはかぎらない
けんかすることもあれば
泣きたくなることだってある
ときには傷つき

理解し合えないこともある
それでも結婚しなければ
わからない喜びもある
結婚したからこそわかる幸せもある
幸せは人それぞれ
結婚するのも
一人で生きていくのも覚悟が必要
結婚がいいかどうかは
自分の心が決める

本当のパートナー

男だからこうする
女だからこうする
性別なんて関係ない
悩んでいたらそばで話を聞く
困っているなら手を差し伸べる
がんばっているなら応援する
自分の思うようにふるまえばいい
対等な関係でいられる人こそ
本当のパートナー

運命の人はいない
これからずっと
一緒に生きていこうと
決意した人が
運命の人となる

自分が決める

結婚したら必ず幸せになることはなく
結婚しなくても幸せになれる
結婚はゴールではなくて
始まりに過ぎない
価値観が違うのは当たり前で
ぶつかってしまうこともある
たとえ一人でいたいときがあったとしても
一緒にいなければならないこともある
味方だと思っていたのに
裏切られることだってある
最初からうまくいかなくて

たくさん話し合って
たくさんぶつかって
少しでも相手を思いやる気持ちがあるなら
これからもずっと続いていく
自分だけが大切になると別れる
その人を選んだのは自分で
これからどうなるかは
自分が決める

思いやり

いくら相手のことを思っていても
行動しないと伝わらない
ささいなことでも感謝すること
束縛をせずに距離感を保つこと
相手を疑わずに信じること
そばで最後まで話を聞くこと
心から幸せを願うこと
相手の立場になって行動し
お互いに思いやることができれば
いつまでも続く

怒るときは一瞬
ほめるときは
じっくりと

166

家族でも

家族だとしても
わかり合えるとはかぎらない
それぞれ大切なものがあって
それぞれこだわりがある
譲らなくてもいい
ぶつかることがあってもいい
たしかなのはお互いに相手を想い
真剣に考えているということ
言葉だけでは伝わらないこともある
少しでも相手が理解しやすいように
目に見える形で伝えて

相手の幸せを願うこと

上手な伝え方

大きな声を出すと耳をふさぎ
小さな声を出すと耳を澄ます
早口で話すと慌てて
ゆっくり話すと落ち着く
いくら話したいことがあっても
聞きたくないかもしれない
同じことを話したとしても
タイミングだけで印象は変わる
伝えたいことがあるなら
相手が受け入れられるかどうか
聞く人の気持ちに寄り添うこと

相手の喜びが
自分の喜びに
変わったとき
人は本当に
幸せになれる

いつも

今あるものすべてが当たり前で
永遠に続くものだと勘違いして
失って初めて気づく
いつか言えばいい
いつか動けばいい
そう思っているうちは
いつか後悔することになる
明日がくるのは当たり前ではない
今できることは今する
今言えるなら今伝える
どんなに大切なものでも

同じ場所にあるとはかぎらない
どんなに大切な人であっても
ずっとそばにいるとはかぎらない
失いたくないと思うなら
いつも感謝する

喜びも悲しみも

わかり合えない日もあれば
泣きたくなる日もある
疲れ果ててどうしていいか
わからない日もある
いつのまにか
忘れていないだろうか
そばにいるありがたさを
思い出してみよう
初めて出会った日を
思い出してみよう
初めて付き合った日を

思い出してみよう
お互いに誓い合った日を
一緒に過ごした日々は裏切らない
喜びもあれば悲しみもある
これからどんな日にするかは
自分自身が決める

かみ合わない男女

男性はゴールから語り
女性はスタートから語り始める
男性は答えを決めてから話し
女性は話しながら答えを見つける
男性は常にオチが気になり
女性はオチがなくても気にしない
男性は聞かれるまで話したがらなくて
女性は自分から話したがる
男性はなるべく話題を絞り
女性は話題をどんどん広げていく
男性は言葉のまま受け取り

女性は気持ちを読み取ってほしい
だから男女の会話はかみ合わなくなる

男性と女性は
ありのままでは
わかり合えない
それでも歩み寄る
努力こそが愛である

好きな人と出会えるのは偶然で
好きな人と付き合えるのは強運で
好きな人と結婚できるのは奇跡で
好きな人と離婚するのは悲劇
素敵な出会いを自ら手放さないように

結婚8か条

お互いに完璧ではないから
欠点があっても助け合いなさい
誰よりも魅力を理解して
誰よりも信じて引き出しなさい
うまくいかない時期があっても
焦らずに信じて待ちなさい
幸せの形は人それぞれだから
誰かと比べるのをやめなさい
自分の世界と同じくらい
相手の世界も尊重しなさい
自分の理想ばかり押し付けず

しっかり相手の話を聞きなさい
心の中で言いたいことがあるなら
相手を信じて伝えなさい
誰にでも過ちはあるから
次の日まで引きずらないように
どれほどつらいことがあったとしても
二人で積み重ねてきた愛を信じなさい
いつか別れがくるその日まで
優しさと思いやりを忘れないように
出会えた奇跡を大切に

いつも伝える

好きな人に気持ちを伝えるのは
バレンタインデーでなくてもいい
親孝行するのは
母の日や父の日でなくてもいい
大切な人にプレゼントするのは
誕生日でなくてもいい
待たなくていい
大切な人がそばにいるなら
いつでも気持ちを伝えればいい
相手が喜んでくれるなら何度してもいい
いなくなって後悔しないように

自分の気持ちに素直になる

頼ってもいい

何でも自分でやらなくてもいい
たとえ自分で
できることであっても
頼ってもいい
頼られて嫌な人はいない
相手が得意なことを見極めて
お願いしてみる
もしも抵抗があるなら
一緒にやればいい
最後に感謝すること

できる母を目指さない
家族に愛される
母でありなさい

きっと伝わる

どのように声をかけてよいのか
迷うこともある
本当はもっと話したいのに
何も言えなくて
時には傷つけてしまうことだってある
特別なことなんてしなくてもいい
無理してがんばらなくてもいい
何気ないやりとりであっても
想っていればきっと伝わる
特別なことを言うことだけが
励ますことではない

その気持ちを忘れなければいい

男の子と女の子の違い

よく動くのが男の子
よく見ているのが女の子
競争するのが好きなのが男の子
仲よくするのが好きなのが女の子
何でもほめてほしいのが男の子
がんばりを認めてほしいのが女の子
すぐに忘れるのが男の子
いつまでも覚えているのが女の子
全力で泣くのが男の子
うそ泣きが上手なのが女の子
あっさり納得するのが男の子

納得するまで聞き続けるのが女の子
わかりやすいのが男の子
わかりづらいのが女の子
どちらがよいか悪いかではなく
ありのままを受け入れること

キミと出会えて

キミがいるとわかって
ずっと一緒にいて
ずっと待ちわびて
初めてのことばかりで
ときには不安になって
いつしかキミに
やっと出会うことができて
どんなに大変であっても
いつか抱っこをしない日がきて
どんなに心配しても
いつか手を握らなくなる日がきて

どんなに大切に想っても
いつか毎日会えなくなる日がきて
それでも初めてキミと
出会えたときを一生忘れません
キミと過ごせたことが
本当に幸せでした

旅立つ日

キミが旅立つ日は
ワタシも旅立つ日
あっという間でした
ミルクを与えて背中をさすり
おむつを替えては泣かれ
寝たと思ったらぐずられて
そんなキミも成長し
本を読み聞かせると夢中になり
出かけるときは手を握ってきて
なかなか早く起きなくなって
いつのまにか一人で何でもできるようになり

ただ心配するだけになっていました
これからキミは
これまでとは違う人生を
生きるかもしれない
どんなにつらいことがあっても
どんなに離れていても
忘れないでください
一人じゃないことを
いつまでもワタシはキミの味方だから

自分のために

母が喜ぶようにがんばって
悲しませることを恐れて
少しでも認めてもらおうと
ずっと我慢している
何かするたびに反対されて
聞きたくもないのに注意されて
心配なのはわかっていても
嫌な態度をとることもある
そのたびに後悔して
自分が嫌になる
面倒になる前に嫌いになる前に

なるべく距離を置くこと
自分の人生は自分で決める
言う通りにしていたらいつか後悔する
自分のために生きればいい

一人暮らし8か条

何よりも健康がいちばん大切だから
食事と睡眠をよくとること
お金を稼ぐことに夢中にならないで
しっかり勉強すること
肩書きや見た目に惑わされず
その人がどうなのか見極めること
自分で解決できないことに巻き込まれたら
すぐに相談すること
まわりが声をかけやすいように
なるべく笑顔を心がけること
たとえ寂しくなっても

よく知らない人を部屋にあげないこと
どうしてもつらくて帰りたくなったら
意地を張らずに連絡すること
一人でいるときに何をするかで将来は決まる
一日一日を大切にすること

娘に伝えたい10か条

依存すると離れるから自立をしなさい
白馬の王子様はいないから
そばにいる人を大切にしなさい
相手の言葉だけではなく行動を見なさい
失敗してもいいから
何度でも立ち上がりなさい
一人では生きていけないから
甘え上手になりなさい
自分と同じ人を引き寄せるから
自分を磨き続けなさい
泣きたいときは泣きなさい

最後はいつも笑いなさい
もしも結婚するなら
いちばん想ってくれる人としなさい
もしも家庭を築くなら
「ありがとう」 があふれるように
どんなことが起きても
幸せになるのをあきらめないように
つらいことは乗り越えたときに
自分のためにも誰かのためにもなる
誰かに遠慮しなくていい
自分を信じて前に進みなさい

一緒に生きていく

気にしなくていい
見た目が変わっても
気にしなくていい
手をしっかり握れなくても
気にしなくていい
思うように言えなくても
気にしなくていい
一緒に歩くことができなくても
気にしなくていい
思い出しづらくなっても
どんなにつらい思いをしたとしても

思い出はなくならない
相手を想う心さえあれば十分

愛から始まる

愛から意志が生まれ
意志によって運を引き寄せ
運によって縁が生まれ
縁を大切にして思いやり
思いやることで
愛が深まる
すべては愛から始まる

295 - 294

キミのままでいい　100万いいね!を集めた187の愛の言葉

発行日　2018年2月25日　第1刷
　　　　2025年2月17日　第15刷

Author　たぐちひさと

Illustrator　平山昌尚
Book Designer / DTP　大原健一郎（NIGN）

Publication　株式会社ディスカヴァー・トゥエンティワン
〒102-0093 東京都千代田区平河町2-16-1 平河町森タワー11F
TEL 03-3237-8321（代表）
https://d21.co.jp　03-3237-8345（営業）

Publisher　谷口奈緒美
Editor　大竹朝子

Marketing Solution Company　小田孝文　蛯原昇　谷本健　飯田智樹　早水真吾　古矢薫　堀部直人　山中麻吏　佐藤昌幸　青木翔平　磯部隆　井筒浩　小田木もも　工藤奈津子　佐藤淳基　庄司知世　副島杏南　滝口景太郎　竹内大貴　津野主揮　野村美空　野村美紀　廣内悠理　松ノ下直輝　南健一　八木眸　安永智洋　山田諭志　高原未来子　藤井かおり　藤井多穂子　井澤徳子　伊藤香　伊藤由美　小山怜那　葛目美枝子　鈴木洋子　畑野衣見　町田加奈子　宮崎陽子

Digital Publishing Company　大山聡子　川島理　藤田浩芳　大竹朝子　中島俊平　小関勝則　千葉正幸　原典宏　青木涼馬　伊東佑真　榎本明日香　王廳　大﨑双葉　大田原恵美　佐藤サラ圭　志摩麻衣　杉田彰子　舘瑞恵　田山礼真　中西花　西川なつか　野﨑竜海　野中保奈美　橋本莉奈　林秀樹　星野悠果　牧野類　三谷祐一　宮田有利子　三輪真也　村尾純司　元木優子　安永姫菜　足立由実　小石亜季　中澤泰宏　森遊机　石橋佐知子　蛯原華恵　千葉潤子

TECH Company　大星多聞　森谷真一　馮東平　宇賀神実　小野航平　林秀規　福田章平

Headquarters　塩川和真　井上竜之介　奥田千晶　久保裕子　田中亜紀　福永友紀　池田望　石光まゆ子　齋藤朋子　俵敬子　宮下祥子　丸山香織　阿知波淳平　近江花渚　仙田彩花

Proofreader　株式会社文字工房燦光
Printing　大日本印刷株式会社

本書へのご意見ご感想は下記からご送信いただけます。
http://www.d21.co.jp/inquiry/

ISBN978-4-7993-2229-1